Alsterwanderweggedichte

*41 zeitgenössische Gedichte mit fantastischen Inhalten,
(illustriert vom Autor).*

Lyrik.

Harald Birgfeld

Harald Birgfeld, geb. in Rostock, lebt seit 2001 in 79423 Heitersheim. Von Hause aus Dipl.-Ingenieur, befasst er sich seit 1980 mit Lyrik. In mindestens 30 Anthologien ist er vertreten. Alle derzeitigen Veröffentlichungen im Anhang. Harald Birgfeld schrieb seine Gedichte überwiegend während der Fahrten in der Hamburger S-Bahn zur und von der Arbeit, inzwischen mehr als 12.000 Strophen.

Aus dem Gutachten, 1986, einer an der Universität Freiburg tätigen Literaturwissenschaftlerin:
"Es lohnt sich, einmal einen heutigen Dichter kennen zu lernen, der mit der deutschen Sprache einen faszinierend fremden Weg betritt und trotzdem dem Leser Freiraum lässt für eigene Gedankengänge, ohne dass die Probleme in erhobener Zeigefingermanier zu zeitkritischen Trampelpfaden werden."

Herausgeber, Autor, Redakteur: Harald Birgfeld.
e-mail: Harald.Birgfeld@t-online.de
Im Internet unter : www.Harald-Birgfeld.de
Buchumschlag: Harald Birgfeld

Herstellung und Verlag: BoD – Books on Demand, Norderstedt.
ISBN: 9783744829991

4

Inhaltsverzeichnis: .... Seite

Alsterwanderweggedichte

Ins Alstertal

Unter Ringern
Ferner Sternenbilder
Ging ich tief ins Alstertal.
Die Nacht war weiß,
Und auf dem Eis
Bewegte sich ein Paar
Im Tanz.

Gefährlich nah
Kam eine Einsamkeit
Maskiert mit einem
Wolfskopf.

Gras

Mich streifte im Vorbeigehn
Gras.
Als ich
Davon erzählte
Und dir meine Hände zeigen sollte,
Fielen helle Steine
Lieber Blicke
In die Mulden.

Wollgras aus dem Moor

Aus der Ferne
Riefst du mir
Umarmung zu.
Du schriebst es mir,
Dass meine Augen Zeugen
Meiner Ohren wurden.
So verspannst du
Wollgras aus dem Moor
Und stricktest mir mit
Fremden Nadeln
Meine Jacke.

Im Moos

Ich war
Hoffnungslos und
Sehnsucht
Fand dich nicht.
Ich kühlte meinen Augenbrand
Im Moos
Und schrieb den Lebenslauf
Des ungemalten Bildes
Mit dem abgerissnen Halm
Tief in die
Wasseroberfläche meiner Alster.
Die riss alles
Mit davon.

Das Licht des Mondes

Niemand wusste von
Dem Leuchten
Goldner Wege.
Nachts erinnertest
Du dich an dich
Und legtest deinen
Nackten Körper bloß.
Die Decke schob sich
Wie von selbst beiseite,
Und das Licht des Mondes
Über Alsterauen
Zündete dich
In dir an.

Im Wanderweg

Im Wanderweg
Traf Fuß um Fuß
Auf buntes Laub
Aus Worten.
Alles, was du sagtest,
Fiel an meinem Ohr
Vorbei,
Obwohl ich stillstand
Und nach innen
Deiner Stimme,
Wie sie dich in mir
Erinnerte,
Die Hände
Offen hielt.

Aus der Krone deines Baumes

Ich machte
Blatt um Blatt,
Das aus der Krone deines Baumes fiel,
Zu meinem lieben Sammelgut.
Ich fragte deinen Mund.

Noch weiß ich nicht,
Was dem entflognen Engel
Offne Hände
Sind.

Das Sternenbild Orion

Für mich war
Nacht am Himmel.
Du erklärtest mir darin jedoch
Geschehen und das
Sternenbild Orion.
Meinen Mund schob ich von hinten
Über deine Schulter,
Durch die Landschaft Haar
Bis an dein Ohr
Und küsste dich hinein.
Du schrecktest sanft zurück,
Und meine Augen sahen dich,
Du Glasgestalt aus Engel,
Rundherum den Horizont erhellen.

Du warst nah am Ufer grob geworden.
Jetzt, wo ich dir Wasser
Geben konnte,
Glühtest du
Unendlich auf.

Ins Wasser meiner Alster

...mit dem Rötelstift
Den Grashalm aufs Papier geträumt,
...den Nacken,
Diesen wunderbaren Übergang,
Vom Schulterfleisch ins
Kleine Ufer deiner Brüste
Federleicht erinnern.

Als du gingst
Zerrief mein Herz
Die Liebeskammer,
Tropfen,
Die ins Wasser
Meiner Alster
Löcher bissen.

Auf dem Bogen dieser kleinen Brücke

Immer war ich
In der Frage
Nach der Kunst
Und gab sie dir.
Für mich warst du
Der lebende Beweis.

Entfernt von uns,
Wir standen
Auf dem Bogen dieser kleinen Brücke,
Die mit uns hinübersprang,
Stieg Nebel auf.

Die Landschaft war allein

Ich ging hinaus ans kleine Ufer dieser Nacht,
Und über mir, das dunkle Blech,
Millionenfach durchstochen,
Dass das Licht dahinter,
Niederblitzte,
Wölbte sich mir zu.
Die Landschaft war allein.

Von dir erfuhr ich nur,
Weil wir zur gleichen Zeit
Den Blick
Zum Großen Bären
Richten wollten.

Mein Schmetterling auf deinen Lippen

Zwischen deinen Worten
Wird mein Schmetterling
Auf deinen Lippen
Uns zum Spiel
Mit Liebe.

Meinem Spatz

Die Mulde deiner Hand
Wird meinem Spatz darin
Zum Mund,
Zum Kuss,
Zum Futterplatz,
Zum Nest,
Zum greifenden Besitz.

Das Bett aus Pfefferminz

In deinem Mund
War anfangs noch
Das Bett aus Pfefferminz.
Dann musstest du mir glauben,
Nichts schmeckt
Dich so gut
Wie du.

Das Tal

Es war zu eng
Für große Landschaft.
So schuf ich
In meiner Hand
Das Tal
Für deine Hügel,
Und du brachtest dich
Mit wenig Aufwand
Und sehr sanft
Ganz nah
An mich.

Zwei Raupen

Wir
Zwei Raupen,
Die sich umeinander
Bäumen.

Mein Streichelwind

Deine Hand
Mein Streichelwind,
Der mir
Durchs
Haar geht.

Ins Geäst

Mit deinen Blicken
Huschst du
Ins Geäst,
Treppauf, treppab.
Ich seh
In deinen Augen
Jeden Sprung
Und wie du mich
Eroberst.

Drüben sonnt die
Außenalstersilhouette.

Aus Sonnenraub

Deine Hand,
Hervorgestreckt aus weißem Stoff
Und braun,
Aus Sonnenraub,
Wird meiner Wange
Bank
Und Sitz
Und Ankunft
Und dir warmer
Unterschlupf.

Die ersten Töne einer weit entfernten Orgel

Ich wusste eine trockne Wiese
Für uns zwei.
Die Gräser, malte ich mir aus,
Lagunenblau, türkis,
Weil sie die Seen meiner Träume
Waren.
Aus dem Himmel fiel dein Haar
Auf mich,
So wie du sagtest:
"Deine Wärme hat mir gut getan."

Schon auf der Bank davor,
Als wir auf Leute trafen,
Hörten wir die ersten Töne einer
Weit entfernten Orgel.

Der Schrei des Pfaus

Niemand konnte
Hinter jene Büsche
Violetter Hügel schauen.
Dorther kam der Schrei
Des Pfaus.
Ich dachte an sein Schüttelrad,
An seine Federn, die sich weit
Und schräg nach vorne
Bauten.

Deiner guten Laune
War ich ausgeliefert
Und dem weiten Rock,
Den du,
Mit dir allein im Tanz,
Sich über mir im Gras
Als Reifen kreisen ließt.

Die ersten Glockenblumen

Regen ging
In seinem dunklen Mantel
Ohne jeden Wind
Durch unsre Landschaft,
Stand fast still
Und hüllte Fluss und Böschung,
Alles, alle
Ein.

Mit uns umarmt
Erträumte ich
An dir
Die ersten
Glockenblumen.

Herbst

Viel zu früh
Kam Herbst
Und Sommer
Trat zurück.
Ich nannte dich
Darin
Und mich
Die Liebeslieblichen.

Unter den Libellenflügen

Birken,
Die am Ufer standen,
Klirrten unter den
Libellenflügen
Zwischen Wasser und
Der weißen Rinde.
Leiser Sommersonnenwind.

Von seinen Flügelträgerinnen
Hielt ich einer meine Lippen
Nahe
An die dünngeschliffnen
Gläser.

Unter feiner Haut
Sah ich das schmale Flussbett
Deiner Adern.
Blässlich und
Verschämt
Schlugst du die Augen
Über meinem Handkuss
Nieder.

Die Luft am Wanderweg

Dein Lippenpaar
Erwärmte sich an mir,
Und deine Zungenspitze
Leuchtete und züngelte
Sich lichterloh
In meinen Mund.

Die Luft am Wanderweg
War voller Flockenduft,
Der schmolz an deiner
Wange.

Meine Hände drehten
Deinen Kopf.
Fast herrisch
Wolltest du mich
Über dir.

Ich habe Seele
Viel an dir
Getrunken.

Wanderweg und Uferböschung

Wir,
Gefangene des Glockenspieles,
Eines fernen Nebels,
Der mit Unausweichlichkeit
In unsre Ohren dringt
Und Wanderweg und Uferböschung
Leise Seufzer auferlegt.
Dazwischen sagst du nur:
"Das ist so,
Wenn man liebt,
Erinnerst du dich nicht?".

Aus dem Blütenbaum

Heute schlüpfte sich ein Vögelchen
In meine Hand.
In meinem Rücken spielt
Ein Violinkonzert, und
Aus dem Blütenbaum
Fällt rosa Schnee.
Den und das Vögelchen aus meiner Hand,
Trieb himmelan
Umarmung, die wir miteinander
Hatten.

Zart verklingt die Geige.
Lange noch steh'n ihre Töne
Hand in Hand
Im Raum.

Abgestreiftes Strüppwerk

Es wachsen wasserblaue Hyazinthen
An dir auf,
Und über abgestreiftes Strüppwerk
Kannst du fast schon wieder lachen:
"Das war gestern",
Sagst du laut,
Und lenkst den Dank dafür
Ein wenig über mich,
Dass deine Knospen
Gleich nach ihrem Aufbruch
Erste Seufzer des Erscheinens
Nicht so ungehört
Verklingen lassen.

Mir, Erblühende und Blütenvolle,
Wird dein Frauendank
Zum leichten, weichen Federkleid,
Zu Möwen über mir.
Und deine Fingerspitzen,
Sanft geblasner Atem,
Heben ihre Daunen
Bis zum Ansatz an.
Im Schluss
Will deine Zunge sich darein
Versenken, darein tauchen.

Ein Baum.

Drüben
Brach ein Ast
Und fiel.
Ein Baum.
Und alles
Ist noch
Voller Kraft
Wenn nur
Die Feder deines Fußes
Daran
Wippt.

Eingeritzt in Rinde

Auf deinen Augenlidern,
Die du mir zum Kuss
Geschlossen hast,
Die du zu meinem Schutz
Und dir,
Dass ich darunter mich
In ihren Augentiefen nicht verliere,
Über sie gezogen hältst,
Sind eingeritzt in Rinde
Die drei alten Worte
Jugendlicher Schnitzerei.
Und sie sind nicht von mir.

Aus dem Chor des Alsterwanderwegkonzertes

Dein Kopf
Lag, rückwärts angelehnt,
Mit seinem Haar
An meinem Mund.
Und meine Hände
Trafen sich
Ein wenig unterhalb
Und auch
Auf deiner Brust.
Wir horchten sehr auf uns
Und stimmten überein.
Zwei Stumme,
Sängerin und Sänger,
Aus dem Chor des
Alsterwanderwegkonzertes.

Die Wiesenblumen

Wir wären uns so nah,
Dass meine Hand
Sich Haut an Haut
Betören ließ.
Die Wiesenblumen
Hinter,
Über,
Neben uns,
Verstanden dies Verwirrspiel
Gut.

Hinter einem Sperrwerk

Hinter einem Sperrwerk,
Dass ich nicht vermutete,
Schäumt Wasser auf,
Ein Schnee danach
Auf Braunglas.

Erst stampfst du
Mit deinem Fuß,
Dass ich,
In Angst um dich,
Mein Zügelpferd zurückreiß,
Dann sinkst du
Als Sonnenflockenflaum
Ganz still
In meinen Arm.

Ich warf Stöcke

Es war dir recht
Mit unsren Mündern
Hand in Hand
Und meinen Blättern,
Die ins Wasser fielen,
Dass sich ihre Ringe
Überliefen.

Ich im Glück
Warf Stöcke
Weit hinaus
Und machte sie
Zu meinen Boten.

Mit der Verbindlichkeit der Wurzeln

Dass du
Erwächst
Und deinen Blättern
Grün
Bis in die letzte Zelle
Gibst,
Fällt auf.
Und du bestätigst mich
Mit der Verbindlichkeit
Der Wurzeln
Deiner Küsse.

Die Schwalbe

Mein Mund,
Die Schwalbe,
Die in deinem Nacken
Ihre Nester baut,
Die sich
Dein Lächeln aus den
Augenwinkeln raubt,
Die sich in deinem Kissen,
Sonnenhaar,
Verfängt.

Wir schauen beide
Der bizarren Jagd
Am hohen Himmel
Nach.

In einem Steinhaus

Ich höre griechische Musik...
Aus einem Steinhaus hat mich
Die Busuki überrascht.

Ein Mann, erkanntest du,
Ist weiter nichts
Als eine Melodie auf einem
Instrument.

Du Liebe,
Dich ließ ich in mir die Laute schlagen,
Und die Töne spanntest du dir
Ohne alle Saiten auf.

Der Fluss dazwischen.

Du kennst dich aus.
Der Fluss dazwischen ist nur schmal,
Und meine Finger spielen
In dem Wasser.

An der Uferböschung
Stellt
Ein Zufallssommerwind
Dein Stirnhaar
hoch.

Das Schilf in unsrer Nähe

Unter weicher Decke Nacht
Gebarst du mir dein Weinen.
Hilflos bot ich dir dafür
Nicht mehr als meine Hände,
Kümmerliche Becken
Unter deinem Kopf,
Und Küsse,
Die kaum deine Stirn erreichten.

Draußen stand ein Sternensegel,
Das du kanntest,
Das dich rührte.
Dem vertrautest du,
Das legte mir zum Schluss
Dein Liebgesicht
Als Tänzerin
An meine Hand.

Das Schilf in unsrer Nähe
Machte unter Nachtwind
Fast ein spöttisch klirrendes
Geräusch.
Es mochten auch die
Kastagnetten eines weit entfernten
Liebestanzes sein.

Über unsrer Alster

Wir sahen in den Himmel
Über unsrer Alster.

Ohne es dir mit dem Mund
Zu malen,
Und du lauschtest auf die Worte,
Griff mein linker Arm hinauf in eine Wolke,
Die war umklappbar.
Dahinter zeigte ich dir
Eine helle, rote Sonne.

Unsre Füße standen noch in deinem Garten,
Der war krautig, wegfremd
Und, so schien es,
Ohne Zaun,
Und du darin warst nicht Zuhause.
Die Spur nach dir
Trieb Wind weitab.

Ich war in Trauer,
Windverloren unser Wir,
Als mir dein Schwanenhals
Ganz leicht und sicher
Seinen Kopf links auf die Schulter
Legte.

Im Wald

Mit meinen Briefen
Schlich ich in dein Herz
Und malte es mir aus.

Als Maler konnte ich
Dich nicht,
Du störrisches und
Ungebändigtes Modell,
Vor meiner Leinwand halten.

Später sagtest du dazu:
"Ich war zur gleichen Zeit
Im Wald
Und machte einen Dauerlauf,
Den unterbrachen
Glückliche Gefühle,
Und mein Herz
War ganz in deiner
Hand."

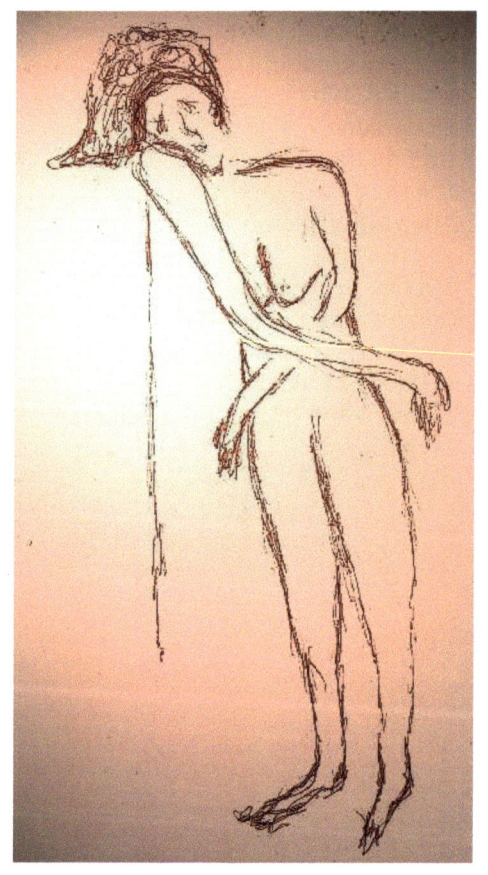

Weitere Veröffentlichungen von Harald Birgfeld in Druck und Herstellung bei:
Books on Demand GmbH, 22848 Norderstedt und online.

Lyrik:

..and I said to myself, what a wonderful world, *36 Gedichte mit*
fantastischen Inhalten, 44 S.

Auf deiner Reise zum Rande im Rande des Randes der Sonne *187*
Gedichte: Im Innern der Sprache werden Kräfte freigesetzt. 184 S.

Die Insassinnen, *Epos, Lyrik, Außenlager KZ-Sasel, 136 S.*

Feuer, das zur Speise wird, *114 Gedichte aus meiner digitalen Welt, 68 S.*

Für dich..., *43 Liebesgedichte und 15 Augen-Blicke, 32 S.*

Gedichte, veröffentlicht in ausgewählten Anthologien, und
Namenlos von meiner Insel, 42 Briefe, Lyrik, 108 Seiten,
Großes Liebestestament, 68 Liebesgedichte, 144 S.

Honigweißer Duft, *14 fantastische Gedichte, 32 S. dabei 14 farbige Seiten.*

Liebestestament, *37 Gedichte Liebeslyrik, 44 S.*

Mund aus Glas am Rand aus Fleisch, *114 Gedichte,*
Schwarze Liebeslyrik, 120 S.

Sofortige Lähmung, *112 Gedichte aus dem Innersten, 72 S.*

Unter einem Mikroskop, *36 Gedichte für eine parallele Welt, 28 S.*

Von Haut zu Haut, *132 Gedichte: Was macht meine Liebe an dir und an mir mit*
mir und mit dir? Liebeslyrik. 48 S.

Wir gerieten in den Gürtel der Meteoriten, *10.000 Aufschläge, Band*
14: Aufschläge 6502 – 6999, ca. 500 Strophen aus einem Zyklus
von 10.000 Strophen. Lyrik. 224 Seiten

Wo die schwarzen Blätter wachsen, *129 erotische Gedichte? 76 S.*

Lyrik von Harald Birgfeld erschien in mindestens 30 Anthologien

---

Prosa:

Die Tätowierungen der jungen Tanja W. : *„Die Tätowierungen der jungen Tanja W." handelt von der Selbstsuche und Selbstfindung einer jungen Frau, 132 S. Format A5*
Fünf Veröffentlichungen/Five Publications (deutsch/englisch),
32 S. Format A5 (1 Band)
Theorie und Utopie der eigenen Zeit,
Theorie und Utopie der anderen Zeit.
Die Zeit der Gleichungen ist vorbei
Societ lyrics, was ist das?
Folienbilder-Entstehung
Kleine Fibel Arbeitsschutz *(für die praktische Arbeit) an:*
„Hochschulen", „Kindergärten", „Schulen" (3 Bände)
Trennung von B.
Phänomen, Trennung, 2017, 148 S. A 5
Pina Bausch, *Nachruf*
Vom Sterben nach dem Tod
Warten auf die Anderen.
Trennung erster, zweiter und dritter Art, 104 S. A5

Weitere Veröffentlichungen von Harald Birgfeld, derzeit **online** *unter*
www.Harald-Birgfeld.de
Im Volltext für jedermann zugänglich und einsehbar.

Lyrik:

Bärbel und Harald, Epos, *Gedicht in 93 Teilen*
Die Frau des Terroristen, *53 Facettengedichte*
Die Insassinnen, Theaterstück, *Außenlager KZ Sasel, 3 Akte*
Die Zeit der Gummibärchen ist vorbei, *76 zeitgenössische Gedichte,*
(illustriert)
Gespräche dritter Art, *90 zeitgenössische Gedichte*
Gespräche zweiter Art in Art der Art, *89 zeitgenössische Gedichte*
Im Reißverschluss der Illusion, *57 Facettengedichte*
Wir gerieten in den Gürtel der Meteoriten, *10.000 Aufschläge,*
23 Gedichtbände
